Collection folio cadet

Ce livre a été spécialement conçu
par le prince de Motordu
et par sa femme, la princesse Dézécolle,
enseignante.
Il est destiné à l'usage des petites billes
et des petits glaçons tordus
pour qu'ils marchent droit à l'école.

Il a reçu l'autorisation
de diffusion dans les écoles par
les extincteurs de l'Éducation Nationale
et les groseillers pédagogiques.

ISBN : 2-07-031134-1
© Éditions Gallimard 1986
Numéro d'édition : 38760
Dépôt légal : Septembre 1986
Imprimé en Italie

PEF

L'ivre
de Français

Mis en couleurs par
GENEVIEVE FERRIER

Gallimard

Ce soir-là, la princesse Dézécolle rentra très fatiguée de sa fournée de travail. Elle se traîna jusqu'à sa chambre et se mit au riz sans manger :

— J'en ai plein le dos de ces sales bosses, râla notre institutrice.

— Vous avez mal à la fête ? lui demanda son mari, le prince de

Motordu . Je vais vous donner un médicalmant et demain je m'occuperai de vos élèves.

— C'est moi, l'institutriste, pas vous, se désola la princesse !

— Mais j'ai mon mot à dire puisque je suis parent des lèvres maintenant, assura le prince !

En effet, le petit glaçon et la petite bille des époux Motordu allaient maintenant à l'école.

— Ils n'arrivent pas à prendre l'orthograve au sérieux, ajouta la princesse Dézécolle.

— Dormez, chérie, j'ai quelques idées sur la langue française !

Motordu travailla toute la nuit pendant que sa femme était plongée dans un profond soleil. Il eut ainsi des idées lumineuses et noircit les pages d'un gros cahier.

Au petit matin, il était prêt à rencontrer les célèbres de la classe de la princesse Dézécolle !

— Je vous présente mon mari, le prince de Motordu. Il a bien voulu me donner un petit goût de main en langue française.

— Bonjour, fit le prince. Je vois que vous êtes encore bien jeunes. Aussi commencerons-nous par les débuts du langage.

Au début de la vie, on parle tous bébé, puis, plus on grandit et plus on vieillit, c'est pourquoi on parle de vieux en vieux.

Voici d'ailleurs la même histoire
racontée par la même personne aux
différents âges de sa vie :

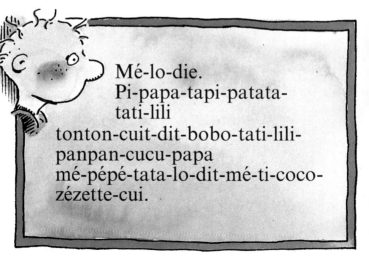

Mé-lo-di.
Pi-pa-pa-ta-pi-to-pa-ta-
ta-ta-ti-li-li
ton-ton-cui-di-bo-bo-ta-ti-pan-
pan-cu-cu-pa-pa
mé-pé-pé-ta-ta-lo-di-mé-ti-co-co-
zé-zette-cui !

Mé-lo-die.
Pi-papa-tapi-patata-
tati-lili
tonton-cuit-dit-bobo-tati-lili-
panpan-cucu-papa
mé-pépé-tata-lo-dit-mé-ti-coco-
zézette-cui.

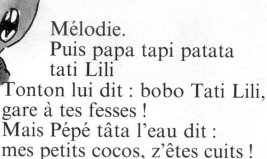

Mélodie.
Puis papa tapi patata
tati Lili
Tonton lui dit : bobo Tati Lili,
gare à tes fesses !
Mais Pépé tâta l'eau dit :
mes petits cocos, z'êtes cuits !

Mélodie.
Puis mon père, tapi,
donna un coup de poing
à ma tante Liliane mais
mon oncle lui dit : il va faire mal
à la tante du petit, je vais botter
les fesses de ce père !
Mais grand-père, tâtant l'eau, dit :
espèces d'œufs, vous êtes cuits !

— Pour vous raconter cette histoire, assura le prince, je n'ai pourtant utilisé qu'une vingtaine de mots !

Pipi, papa, tata, tati, lili, tonton, cuicui, didi, bobo, panpan, cucu, pépé, lolo, mémé, titi, coco, zézette. Le soir même la princesse se jeta au cou de Motordu :

— Je suis radis des résultats obtenus par mes élèves. Ils ont pu mesurer les progrès qu'ils ont faits depuis leur naissance !

— Quand on compare les mots tôt et les mots tard, ça roule tout seul, conclut le prince. Mais bien parler ne suffit pas, il faut aussi savoir bien lire et bien écrire !

Mot tôt

Mot tard

Un peu plus tard le prince ren-
contra à nouveaux les vingt-six élèves de la princesse Dézécolle :
— Récitez-moi l'alphabet. Je vous
égoutte, dit-il sèchement. Les élèves
hésitaient :
— Euh, hum, euh...
— Hep, toi, là-bas, que fais-tu par
terre avec ta copine ?

L'élève, surpris, essaya de réciter
son alphabet :
— G.T.O.Q.P.A.H.V.L.N.
— Quel drôle d'alphabet ! Ainsi tu
étais occupé à achever Hélène !

Qu'est-ce qu'elle en dit, la pauvre ?
— O.L.M !
— Je ne sais si elle aime mais vous êtes bel et bien les vingt-six bêtes de l'alphabet, et pour mieux vous souvenir de l'ordre exact de toutes les lettres de l'alphabet, je vous prie d'apprendre par cœur ce poème :

Abbé, cédez œufs et feu
j'ai agi car elle aime
l'énorme pré cuit hier
et resté duvet doux, bleu, vert,
glisse dix grecs zèbres.

La princesse ouvrait de grands yeux stupéfaits :

— Quel drôle d'instistupeur vous faites, prince, je n'y comprends rien.

— C'est fou simple, répliqua Motordu, « Abbé cédez œufs » cache A.B.C.D.E. A vous de deviner la suite !

C'est ainsi que vingt-six élèves devinrent les vingt-six maîtres de l'alphabet grâce au poème tordu du prince !

A B	C D	E	F
Abbé	cédez	œufs	et feu

G	H I J	K	L	M
j'ai	agi	car	elle	aime

N 0	P	Q	R
l'énorme	pré	cuit	hier

S T	U V	W
et resté	duvet	doux bleu vert

X	Y	Z
glisse	dix grecs	zèbres !

Le soir, la princesse Dézécolle embrassa très fort son mari :

— Merci, prince, grâce à vous mes élèves ne sont plus alphabêtes mais certains confondent encore certaines lettres avec d'autres. Le M et le N par exemple.

— Vous pouvez dormir grande quille. Ne vous faites pas de sourcil. Et le lendemain, le prince de Motordu présenta aux élèves le grand tableau des lettres de l'alphabet !

G d'eau.

l'H miné.

i vert.

J rondelle.

K ctus

L d'oiseau.

 moi.

 mis

 d'île.

 dale

 isinier.

 bête...

S l'été?

Tléphone

Utile.

Vtement

Wre..

Y grêle

Zssss, de l'appétit..!

— Mais, hasarda la princesse Dézécolle, il n'y a que vingt-cinq lettres sur votre tableau ! Moi, quand j'apprenais l'alphabet, jamais je n'oubliais l'X !

— C'est vrai, dit le prince en se tordant, mes genoux pliaient l'X !

A voir toutes ces lettres, les élèves, du coup, riaient :

— A deux nains, les petits, leur lança Motordu, travaillez rien, moi, je vais faire la sieste !

Alors, ça va mieux, demanda un jour le prince de Motordu ?
— C'est vite dit, se lamenta encore la princesse Dézécolle. J'en suis à leur expliquer le féminin et le masculin, et ils ne comprennent rien. Ils sont carrément bulles.
— Pourtant tout ça n'est qu'une histoire d'œufs.
— Quels œufs, s'étonna la princesse ?
— On rajoute des œufs aux mots, assura le prince et ça les transforme

en mots au féminin. Car si un coq n'a pas d'œufs, une poule en a au moins deux.

— Vous voulez dire des e !

— Exact, fit Motordu, il n'y a pas d'œufs à la coq mais à la poule !

— Alors vous pourrez m'aider, mon prince. Je ne peux me passer d'œufs mes élèves et encore moins de vous, mon grand poussin !

— Eh oui, dit Motordu, il faut bien que les petits poussent, hein ?

un coq   une poule

Il alla retrouver les élèves de la princesse Dézécolle et leur expliqua qu'avec des œufs on pouvait mettre les mots au féminin :

— Le marquis n'a pas d'œufs mais sa femme en a un, c'est la marquise !

— J'ai compris, fit un élève, un empereur au féminin devient une empeureuse !

— Pas du tout, s'écria le prince, il devient une impératrice. Tout comme nous, certains mots n'aiment pas les œufs.

Ainsi, un héros n'a pas au féminin son nez rose mais son héroïne !

— Et dans l'autre sens, demandèrent les élèves, pour mettre les mots

au masculin, on enlève les œufs ?
— Enlevez toujours, vous verrez
bien, proposa le prince.
Les élèves se mirent au travail.
Le masculin de reine est rein.
Le masculin de mère est mer.
Le masculin de loupe est loup.
Le masculin de marie est mari.

Ma loupe grossit, elle mange trop !

Le prince les corrigea sans les punir
car les fautes des élèves le faisaient
trop rire. Mais à la fin de la journée,
tous les enfants savaient que le mâle
de l'hirondelle n'est pas l'hirondlui,

qu'il n'y a pas d'œufs après le pont mais après la ponte et que la buse ne peut pas prendre le bus comme mâle !

— Mais, prince, vous, vous avez bien un nœud dans ce mot de prince.

— Eh oui, j'ai même un r et si je l'enlève je pince !

Sans air, je pince.

Sans paix, je rince.

Sans paix, sans haine, je cire.

Sans œufs, sans hisser, je pneu.

— Et ainsi de fuite, fit le prince de Motordu en quittant l'école à toutes jambes.

Un soir, la princesse appela son mari :

— Prince, ou êtes-vous ?

— J'essuie là ! (le prince s'occupait de la vaisselle !)

je suis la vaisselle !

— Ah non, pas vous, rugit la princesse !

— Mais je n'essuie pas moi, s'étonna le prince.

— Vous ne me suivez pas râla l'institutrice.

— Essuyons d'y voir clair, proposa alors le prince, que vous arrive-t-il ?

— Les élèves, toujours eux, j'essaie de leur expliquer les conjugaisons des verbes.

— Soyons gai pour conjuguer, décida le prince, et il confectionna les premiers tableaux rigolos des conjugaisons des verbes.

Verbe rouler :

je roule,
tu roules,
il roule,
nous roulons,
vous roulez,
ils n'ont plus d'essence.

Verbe ôter :

j'ôte,
tu ôtes,
il ôte,
nous ôtons,
vous ôtez,
ils zozotent.

Verbe fumer :

je fume,
tu fumes,
il tousse,
nous toussons,
vous toussez,
ils s'arrêtent
de fumer.

Verbe sentir :

je sens,
tu ne sens pas ?
il ne sent pas bon,
nous savons,
vous vous savonnez,
ils sentent bon.

Verbe pleuvoir :

je plic,
tu ploc,
il pleut,
nous pleurons,
vous rentrez,
ils sèchent.

Verbe sonner :

je sonne,
tu sonnes,
il sonne,
nous sonnons,
vous êtes sourds ?
Ils ne sont pas là !

Un jour, le prince et la princesse Dézécolle se promenaient dans un champ de pleurs. La princesse poussa un gros soupir :

— Regardez, prince, le banc agite les fleurs et elles nous disent bonjour !

— Hé oui, ma chère, la nature est polie et je me sens poète au jour cuit.

— Ah, si mes élèves l'étaient aussi, soupira l'institutrice !

— Comment, ils n'aiment pas la poésie ? Mais la poésie, c'est la musique des mots, c'est la liberté. Les poèmes sont autant de mamans de bonheur.

Le prince et la princesse s'allongèrent au sommeil et le prince composa pour sa femme d'étranges pots et scies qui s'appelaient aussi des poésies.

Il les lui dicta et les relut :

— Mais, s'étonna le prince, vous vous êtes trempée, je n'ai pas dit ça.

Il recopia à son tour ses poésies et les montra à sa femme :

— Voilà comment s'écrivent réellement mes pots et scies !

— Comme vous voudrez, prince, mais moi, je garde mes poésies !

Les enfants jugeront !

pot et scie

Hélas, comme tout jour,
la nuit tond, beau soir,
levant sans vol, dix rondelles !
L'œuf roi s'avance
et faire meuh l'effleure.

Si elle est toile filante,
que deux seaux l'ayent.
C'est ça le dé se teint !
Aide-la, eau !
As-tu vu ma lessive,
œuf sans fer ?
Aide beaucoup plus eau !
As-tu vu si ma Chine à laver ?

Que dit la mer ?
toute l'année
je tricote des flots
qu'on roule
Dix vagues s'écroulent
sous les remorqueurs froids
mais c'est la vie,
la vie de la mer !

J'ai vu les feux naître
malgré les veaux laids.
J'ai vu les corps beaux
malgré les mollets.
et j'ai vu deux dents
malgré mon trou bleu !

Le prince

poésie

Et lasse, comme toujours,
la nuit tombe au soir,
levant cent vols d'hirondelles !
Le froid s'avance
et ferme les fleurs.

Ciel, étoile filante,
que de soleils !
C'est ça, le destin
et de là-haut
as-tu-vu ma lessiveuse en fer
et de beaucoup plus haut
as-tu vu six machines à laver ?

Que d'îles amères,
toute la neige
des flocons roulent,
divaguent, secs,
roulent saoulés,
remords cœurs froids,
mais c'est l'avis,
l'avis de l'amer !

J'ai vu les fenêtres
malgré les volets.
J'ai vu les corbeaux
malgré les mots laids
et j'ai vu dedans
malgré mon trouble !

La princesse

— Prince, vous êtes merveilleux, fit la princesse Dézécolle quelques jours plus tard. L'inspecteur est passé. Il est très content des progrès de mes élèves en langue française. Voici son rapport !

Et Motordu lut l'appréciation de l'extincteur :

La princesse Dézécolle A.J. avec son R. calme et je lève U. pendant l'I. vert sans se D. courra G. ce D. mener pour que C. s'élève, soit O.K. en franc C.

— Ce tordu est toqué, commenta le prince, mais il s'est donné la flemme de comprendre votre travail !

BIOGRAPHIE

Il pleuvait quand Pef est né, le 20 mai 1939.
Mais le soleil a tout d'un coup déchiré les
nuages et a jeté quelques rayons sur ce nouveau-
nez avant de disparaître dans la grisaille.
Depuis, pour Pef le sourire est le soleil de la vie.
Il essaie d'accrocher des sourires dans tous les
livres qu'il signe. Longtemps journaliste pour
enfant, photographe, essayeur de voitures, Pef a
eu tout le temps de rencontrer des gens très différents avant d'offrir à sa grand-mère Mar-
guerite son premier album : *moi, ma grand-mère*
(Editions Messidor). C'était en 1978. Depuis
Pef a écrit ou dessiné plus de trente livres. Certains sont tordus : *La belle lisse poire du Prince
de Motordu* (Folio Benjamin). D'autres sont
poilus : *Le monstre poilu*, écrit par Henriette
Bichonnier (Folio Benjamin).
D'autres sont particulièrement dégoûtants tel ce
Rendez-moi mes poux (Folio Benjamin).
Mais, Pef sait bien qu'il n'y a pas que les sourires dans la vie.
Avec Claude Gutman il a signé *Toufdepoil* et
Pistolet-Souvenir (Editions Bordas), deux livres
émouvants et gros mouilleurs de mouchoirs.
Pef partage son temps de travail entre l'écriture
ou le dessin et la rencontre avec ses lecteurs.
Chaque année, il sillonne la France, dévore un
nombre variable de garnements et laisse dans
les écoles ou les bibliothèques des dessins bour-
rés de grands-nez.
Les nez de Pef le conduisent aussi en Finlande,
au Québec, au Sénégal où il peut constater que
les enfants de tous ces pays sont encore plus tordus que lui.

Pef habite près de Paris dans un petit village, et ses voisins les plus proches sont des vaches. Quand il y a du vent, Pef colle son oreille contre les arbres pour en écouter la musique. Quand il pleut, Pef compte les gouttes, et quand il fait soleil, il bavarde avec les ombres.
En plus des sourires, Pef collectionne les petites voitures et les grains de sable du monde entier.

collection folio cadet